BEI GRIN MACHT SICH IHR WISSEN BEZAHLT

- Wir veröffentlichen Ihre Hausarbeit, Bachelor- und Masterarbeit

- Ihr eigenes eBook und Buch - weltweit in allen wichtigen Shops

- Verdienen Sie an jedem Verkauf

Jetzt bei www.GRIN.com hochladen und kostenlos publizieren

Bibliografische Information der Deutschen Nationalbibliothek:

Die Deutsche Bibliothek verzeichnet diese Publikation in der Deutschen National-bibliografie; detaillierte bibliografische Daten sind im Internet über http://dnb.d-nb.de/ abrufbar.

Impressum:

Copyright © 2018 GRIN Verlag
Druck und Bindung: Books on Demand GmbH, Norderstedt Germany
ISBN: 9783668828278

Jian Omar

Der Erste Golfkrieg aus Sicht des Neorealismus und des Liberalismus

Eine Analyse der Ursachen des Krieges zwischen Irak und Iran im Kontext von Theorien des internationalen Systems

GRIN Verlag

GRIN - Your knowledge has value

Der GRIN Verlag publiziert seit 1998 wissenschaftliche Arbeiten von Studenten, Hochschullehrern und anderen Akademikern als eBook und gedrucktes Buch. Die Verlagswebsite www.grin.com ist die ideale Plattform zur Veröffentlichung von Hausarbeiten, Abschlussarbeiten, wissenschaftlichen Aufsätzen, Dissertationen und Fachbüchern.

Besuchen Sie uns im Internet:

http://www.grin.com/

http://www.facebook.com/grincom

http://www.twitter.com/grin_com

eie Universität Berlin

to-Suhr-Institut für Politikwissenschaft

minar: Einführung in die Theorien der IB

odul: Internationale Beziehungen

mester: SS 2018

Der Erste Golfkrieg aus Sicht des Neorealismus und des Liberalismus

„Eine Analyse der Ursachen des Krieges zwischen Irak und Iran im Kontext von Theorien des internationalen Systems"

Name: Jian Omar
Studiengang: Mono-B.A. Politikwissenschaften
Abgabe: 30.09.2018

Inhaltsverzeichnis

Einleitung

Der preußische Generalmajor Carl von Clausewitz schrieb im 19. Jahrhundert: *„Der Krieg ist eine bloße Fortsetzung der Politik mit anderen Mitteln".*[1] Heute wird diesen Satz in Deutschland politisch wahrscheinlich kaum jemand offen vertreten wollen, allerdings belegt die Weltgeschichte mit all ihren früheren und aktuellen Kriegen, die auf politische, ökonomische und/oder territoriale Konflikte zurückzuführen sind, dass dieser Satz von Clausewitz keine bloße militärische Parole ist. Vielmehr trägt die Äußerung im Kern einen wahren politischen Inhalt in sich, der historisch und zeitgenössisch nachvollzogen werden kann.

Die vorliegende Arbeit stellt zwei internationale Theorien, den Neorealismus und den Liberalismus, einander gegenüber und erklärt die Ursachen für Ausbruch des Ersten Golfkriegs zwischen dem Irak und dem Iran, der von 1980 bis 1988 andauerte, aus dem jeweiligen Blickwinkel dieser Theorien.

Der Erste Golfkrieg zählt zu den bedeutendsten Kriegen im Nahen Osten im 20. Jahrhundert und stellte zudem der Auftakt für weitere schwere blutige Kriege in der Region mit regionalen und internationalen Dimensionen dar. Die Auswirkungen und Folgen des Ersten Goldkrieges sind bis heute zu spüren und bilden die Grundlage für weitere Krisen und Konflikte. Darüber hinaus liegt die Bedeutung dieses Kriegs darin, dass er zwischen zwei benachbarten Ethnien stattfand, Arabern und Persern, die jeweils den beiden größten und miteinander konkurrierenden religiösen Strömungen des Islams angehören, nämlich Schiitentum und Sunnitentum.

Der Schwerpunkt dieser Arbeit liegt darauf, aus Sicht der theoretischen Ansätze und Annahmen der Theorien von Internationalen Beziehungen die Ursachen dafür zu rekonstruieren, warum sich die alten zwischenstaatlichen Konflikte beider Länder zu einem brutalen zwischenstaatlichen Krieg zu dem Zeitpunkt entwickelt haben. Dabei werden auch die vorherrschenden internationalen Strukturen sowie die innen- und außenpolitischen Umstände in den jeweiligen Ländern miteinbezogen.

Zu diesem Zweck wurden zwei Theorien der Internationalen Beziehungen ausgewählt: erstens der *Neorealismus* nach Kenneth Waltz und zweitens der *Liberalismus* nach Andrew Moravcsik. Diese Auswahl wurde aus zwei Gründen vorgenommen: Erstens prägte Waltz mit seiner Theorie nach dem Zweiten Weltkrieg maßgeblich und nachhaltig die politikwissenschaftliche Teildisziplin Internationale Beziehungen, und war insbesondere während der Phase des Kalten Krieges bedeutend einflussreich, in der

---

[1] Clausewitz, Vom Kriege, Buch I, 2005 (Erstdruck 1832/34), Kapitel 1, Abschnitt 24 , S.38

auch der Erste Golfkrieg stattfand.[2] Zweitens betrachten beide Theorien Staaten als Akteure im internationalen System aus unterschiedlichen Blickwinkeln, und gehen infolgedessen bei der Suche nach Antworten und Erklärungen für staatliches Handeln in ihren Analysen auseinander, was zusammengenommen eine umfassende Analyse der internen und externen relevanten Faktoren des Konfliktes ermöglicht.

Konkret soll die folgende Frage beantwortet werden:

Wie ist die Eskalation des territorialen zwischenstaatlichen Konflikts zwischen dem Irak und Iran zu einem schwerwiegenden zwischenstaatlichen Krieg aus Sicht des Neorealismus und Liberalismus zu erklären?

Das Ziel dieser Arbeit ist nicht, die Schuldfrage an dem Krieg zu klären, sondern aus Sicht der genannten Theorien der Internationalen Beziehungen analytische Erkenntnisse über die treibenden Kräfte und Motiven für das Handeln *beider betroffener Staaten* zu gewinnen. Es soll untersucht werden, wie der bereits vorhandene zwischenstaatliche Konflikt zu einem brutalen und langjährigen Krieg führen konnte. Daher wird, auch aufgrund des veranschlagten Umfangs dieser Arbeit, die Rolle der externen Akteure wie der Golfstaaten sowie der Großmächte USA und UdSSR nur am Rande erwähnt.

Im ersten Kapitel werden die beiden Theorien, der strukturelle Neorealismus nach Kenneth Waltz und der analytische Liberalismus nach Andrew Moravcsik, vor- und einander gegenübergestellt. Die jeweiligen Kernthesen der Theorien werden herausgearbeitet, um sie später, im dritten Kapitel, auf den Ersten Golfkrieg anzuwenden.

Das zweite Kapitel beschäftigt sich mit der Ausgangslage im Irak und Iran unmittelbar vor dem Ausbruch des Kriegs, vor allem mit dem vorherrschenden gesellschaftlichen und politischen Klima beider Länder, die sich, wie gezeigt wird, noch in den Umbruchsprozessen befanden. Anschließend wird eine kurze Zusammenfassung des Verlaufs des Ersten Golfkriegs vorgelegt.

Im dritten Kapitel werden dann die ausgearbeiteten theoretischen Kernthesen und Ansätze beider Theorien an den Ersten Golfkrieg angewendet, um das Handeln und die Bestrebungen der beteiligten Akteure auf dieser theoretischen Grundlage analysieren zu können. Die Arbeit wird mit einem umfassenden Fazit und Schlusswort abgeschlossen.

---

[2] Masala, Kenneth N. Waltz : Einführung in seine Theorie und Auseinandersetzung mit seinen Kritikern, 2014, S. 7.

1. Die internationale Politik und die Theorien der Internationalen Beziehungen

Frank Schimmelpfennig fasst internationale Politik in seiner Definition wie folgt:

> „Internationale Politik umfasst die Gesamtheit aller Interaktionen, die auf die autoritative Verteilung von Werten jenseits staatlicher Grenzen gerichtet sind unter den Bedingungen der Anarchie"[3]

Die internationalen Beziehungen (Interaktionen) finden der Definition zufolge zwischen den *Staaten* als Akteure in einem internationalen System statt, in dem nicht eine Hierarchie, sondern *Anarchie* als Ordnungsprinzip herrscht. Das Dilemma des internationalen Systems ist das fehlende internationale Gewaltenmonopol, das auf die interne und externe Souveränität der Staaten zurückzuführen ist.[4]

Dem *Souveränitätsprinzip* zufolge sind ausschließlich die jeweiligen Staaten selbst für ihre internen und externen Angelegenheiten und Handlungen verantwortlich und sie verfügen über das Gewaltmonopol auf ihren Territorien. Die Staaten können sich in Rahmen internationaler Abkommen und Mitgliedschaften in internationalen Organisationen freiwillig verpflichten, allerdings existiert keine legitimierte Oberinstanz, die befähigt ist, Staaten zu bestimmten Handlungen oder Abkommen zu zwingen.[5] Dies führt in der Folge dazu, dass es zu unterschiedlichen bilateralen oder multilateralen Beziehungen bzw. Interaktionen zwischen den Staaten kommt, die entweder von Kooperationen, Allianzen, Konflikten, Krisen oder auch Kriegen geprägt sind.

Um die Komplexität der internationalen Beziehungen zwischen Staaten im internationalen System auf einer wissenschaftlichen Grundlage untersuchen und analysieren zu können, wurden die Theorien der Internationalen Beziehungen entwickelt. Diese dienen als Instrumente zur Analyse und Erklärung dieser Beziehungen, nachdem sie in ihrem historischen und internationalen Kontext hinreichend beobachtet werden. Diese Theorien begründen und erklären die Dynamiken und Strukturen der internationalen Beziehungen basierend auf ihren Vorannahmen und unter Einnahme jeweils unterschiedlicher Blickwinkel.

---

[3] Schimmelpfennig, Internationale Politik, 2017, S. 22f.
[4] Schimmelpfennig, 2017, S. 23f.
[5] Waltz, Theory of International Politics, 1979, S. 88: „Keiner von ihnen ist berechtigt zu befehlen; keiner ist verpflichtet zu gehorchen."

1.1 Der strukturelle Neorealismus nach Kenneth Waltz

Kenneth Waltz präsentierte 1979 in seinem Hauptwerk „Theory of International Politics" erstmals seine Theorie des strukturellen Neorealismus, auf die die meisten neorealistischen Erklärungsansätze in ihrer Darstellung zurückgreifen.[6] Waltz lehnt sich in der Entwicklung seiner Theorie an den klassischen Realismus nach Hans Morgenthau an,[7] wobei er einige seiner Kernannahmen teilt und sie durch weitere Annahmen ergänzt. Deshalb führt der Weg für ein fundiertes Verständnis von Waltz' Theorie zwangsläufig über die Unterschiede zwischen dem (klassischen) Realismus und dem (strukturellen) Neorealismus.

Die erste Kernannahme des (Neo-)Realismus hat sich zugleich, wie bereits zitiert, in der Teildisziplin der Internationalen Beziehungen als zentrales Merkmal des internationalen Systems etabliert. Sie lautet, dass *das Ordnungssystem im internationalen System der Staatenwelt die Anarchie ist,* was einerseits die Abwesenheit einer *übergeordneten Autorität* und andererseits die Gleichstellung der Akteure in diesem System ausdrückt.[8] Ein weiterer Kernsatz des Neorealismus ist die Annahme, dass die relevanten Akteure des internationalen Systems ausschließlich *die Staaten* sind, die innerhalb dieses Systems einheitlich, zweckrational und egoistisch in Form einer *Black Box* agieren.[9] Des Weiteren, so die Theorie des Neorealismus, führt die fehlende einer „Weltpolizei und Weltjustiz" dazu, dass Staaten auf sich selbst gestellt sind, was zu der Annahme führt, dass Staaten selbst für ihre Sicherheit bzw. ihr Überleben innerhalb dieser anarchischen Strukturen sorgen müssen. Waltz bezeichnet das internationale System daher als *Selbsthilfesystem,*[10] wobei „Überleben" hier sowohl die *politische Autonomie* als auch die *Souveränität* des Staates umfasst.[11]

Folglich rückt das Ziel der Sicherheit an die oberste Stelle der Prioritätenliste der Staaten. Dies führt zu der weitergehenden Annahme, dass Staaten nach Macht streben, um ihre Existenz innerhalb dieses Selbsthilfesystems zu gewährleisten. An dieser Stelle trennt sich die Theorie des Neorealismus vom Realismus, denn der Realismus begründet das Machtstreben der Staaten anthropologisch und führt es auf die menschliche Natur zurück, die immer nach mehr Macht strebt. Dabei wird das stetige Machtstreben als rationales Handeln angesehen, um den etwaigen Verlust ihrer

---

[6] Masala, 2014, S. 41.
[7] Das Hauptwerk von Hans J. Morgenthau ist „Politics among Nations" aus dem Jahr 1948.
[8] Tuschhoff, Internationale Beziehungen, 2015, S. 27.
[9] Schimmelpfennig, 2017, S. 67f.
[10] Waltz, Theory of International Politics, 1979, S. 104.
[11] Schimmelpfennig, 2017, S. 68ff.

Machtposition – im extremen Fall gar ihrer Existenz als souveräner Staat – in diesem anarchischen System nicht zu riskieren.[12] Der Neorealismus hingegen führt das Machtstreben von Staaten in erster Linie auf die *anarchischen Strukturen* des internationalen Systems zurück, die Staaten zu Machtstreben zwingen und betrachten es damit als *Strukturwirkung* der Anarchie, das Machtstreben dient hier also das Überleben.[13]

Die Sicherheit eines Staates kann durch militärische Aufrüstung gewährleistet und sogar erhöht werden, was allerdings dazu führt, dass die Sicherheit anderer Staaten auf Grund der *Informationsunsicherheit* über Zweck dieser Aufrüstung sich reduziert. Da andere Staaten nicht wissen, ob diese Aufrüstung dem Schutz oder einem möglichen Angriff dienen soll, rüsten sie daher ebenfalls auf, um ihr eigene Sicherheit wiederherzustellen. Dies reduziert wiederum die Sicherheit der anderen Staaten, und somit ein *Macht- und Sicherheitsdilemma* entsteht, das letztendlich zu Rüstungswettläufen führt.[14] Demzufolge befinden sich die Staaten in einem prekären, immer wieder zu reproduzierenden *Machtgleichgewicht,* das sie ausbalancieren müssen, um zu überleben. Dabei müssen sie versuchen, über genug Macht zu verfügen, um alle anderen Staaten von einem Angriff abzuschrecken, aber nicht so viel Macht zu akkumulieren, sodass alle andere Angst vor ihm haben und versuchen, sie aus dem Spiel zu nehmen. In der Terminologie von Waltz wird dies als *„Balance of Power"* bezeichnet.[15] Staaten versuchen unter diesen Bedingungen ihr Überleben zu sichern, indem sie militärische Bündnisse eingeht (*externes Balancing*) oder aufrüsten (*internes Balancing*),[16] um den Folgen des Sicherheitsdilemmas entgegenzuwirken. Waltz fasst dieses Dilemma in einem Aufsatz wie folgt:

> "Excessive weakness may invite an attack that greater strength would have dissuaded an adversary from launching. Excessive strength may prompt other states to increase their arms and pool their efforts against the dominant state. Because power is a possibly useful means, sensible statesmen try to have an appropriate amount of it. In crucial situations, however, the ultimate concern of states is not for power but for security."[17]

Zwischenstaatliche Konflikte und Kriege sind gemäß der Theorie des Neorealismus aufgrund der herrschenden Strukturen des internationalen Staatensystems und dessen schwer zu erhaltendes Machtgleichgewicht nahezu unausweichlich.[18]

---

[12] Masala, 2014, S. 42.
[13] Schimmelpfennig, 2017, S. 68.
[14] Tuschhoff, 2015, S. 27.
[15] Waltz, 1979, S. 121.
[16] Schimmelpfennig, 2017, S. 81f.
[17] Waltz, The Origin of Wars in Neorealist Theory, 1988, S. 616.
[18] Tuschhoff, 2015, S. 27.

Weiterhin hält der Neorealismus Kooperationen zwischen Staaten für unwahrscheinlich. Wenn Staaten in diesem Nullsummenspiel nach relativen Gewinnen durch eine Kooperation streben, ist diese in dem bestehenden anarchischen System schwer zu erreichen und zu kontrollieren. Daher bevorzugen Staaten eher ihre Unabhängigkeit als die Kooperation miteinander.[19]

Waltz als ein Vertreter des *Defensiven Neorealismus* positioniert die Sicherheit als oberstes Ziel der Staaten und sieht Macht dementsprechend in diesem Zusammenhang als Mittel zum Zweck und nicht als Selbstzweck.[20]

Darüber hinaus haben die internationalen Institutionen wie die UN, die EU etc. für die (Neo-)Realisten keine Relevanz, da sie keinen unabhängigen Einfluss jenseits der Interessen mächtiger Staaten haben.

1.2 Der Liberalismus und der analytische Liberalismus nach Andrew Moravcsik

Mit dem Zerfall der Sowjetunion und dem Ende des Ost-West-Konflikts gerieten die Systemtheorien wie etwa der Neorealismus und der Institutionalismus in Erklärungsnot, da ein solches Ende des Kalten Krieges aus ihren theoretischen Annahmen und Erklärungsansätzen, die ausschließlich auf die Strukturen des internationalen Systems fokussiert waren, schlechterdings nicht erklärt werden konnte.

Die liberalen Ansätze, die primär im Inneren der Staaten nach Erklärungen für ihr Handeln nach außen hin und ihre zwischenstaatlichen Beziehungen suchten, gewannen in der Folge wieder an Bedeutung. Die Vertreter*innen der liberalen Denkschulen nutzten den frei gewordenen Raum, um den traditionellen liberalen, werteorientierten Ansätzen durch einen Fokus auf internationale Politik Erklärungskraft zu verleihen. Der Liberalismus teilt sich in seiner Betrachtung und Gewichtung der innenpolitischen Faktoren in zwei Hauptströmungen: Während sich die erste Strömung in ihrer Erklärung der internationalen Politik auf die *politischen Systeme der Staaten* in Anlehnung an die liberalen Ideen zur politischen Philosophie von Immanuel Kant bezieht, die er in seiner Schrift „Zum ewigen Frieden" zusammenfasste,[21] steht die zweite Strömung, die Gegenstand dieser Arbeit ist, substanziell unter dem Einfluss der *Außenpolitikforschung*, deren zentrale Annahme das außenpolitische Verhalten der Staaten auf den Einfluss der jeweiligen innenpolitischen Akteure zurückführt.[22]

---

[19] Tuschhoff, 2015, S. 28.
[20] Waltz, 1979, S. 126; Schimmelfennig, 2017, S. 71.
[21] Tuschhoff, 2015, S. 37.
[22] Tuschhoff, 2015, S. 38.

Andrew Moravcsik, ein Anhänger der zweiten Strömung, gilt als Hauptvertreter des *analytischen Liberalismus* und verfolgt bei der Formulierung seiner Theorie des *neuen Liberalismus* eine umfassende Vorgehensweise, indem er seine Theorie – in Abgrenzung zum traditionellen Liberalismus – nicht utopisch oder ideologisch formuliert.

Zudem hat Moravcsik bei der Reformulierung der alten liberalen Theorie deren Verortung als eine der Großtheorien der Internationalen Beziehungen zum Ziel, und weitet den Liberalismus zu diesem Zweck durch den *Zwei-Ebenen-Ansatz* von einer subsystemischen Ebene (innenstaatlich) auf eine systemische Ebene (internationales System) aus, um dem Liberalismus das nötige Gehäuse für eine IB-Großtheorie zu verschaffen.[23]

Moravcsiks Theorie basiert auf der Annahme, dass Staaten keine festen Präferenzen haben, sondern verschiedene Schwerpunkte, die von den jeweils dominantesten gesellschaftlichen Gruppen durchgesetzt werden und anschließend innerhalb der staatlichen Institutionen immer wieder unterschiedlich miteinander aggregieren und dadurch in Hinblick auf *Sicherheit, Souveränität und Wohlfahrt* neue Präferenzen produzieren.[24] Er öffnet damit den Staat (*open Black Box*) und liefert intern basierte Erklärungen dafür, warum Staaten nicht stets die gleiche Außenpolitik betreiben.

Die Grundannahmen seiner Theorie beruhen auf einem Menschenbild von rationalen, nach Freiheit und Selbstverantwortung strebenden Nutzenmaximierer*innen, und schließt vom Verhalten einzelner Personen und Gruppen auf Außenpolitik des Staates.[25] Die neue liberale Theorie nimmt an, dass die in gesellschaftlichen Gruppen organisierten Individuen die entscheidenden Akteure des internationalen Systems sind, beispielsweise Interessengruppen wie Parteien, die Pharmaindustrie, Gewerkschaften, Kirchen, NGOs etc. Weiterhin unterstellt Moravcsik den Individuen ein *rationales und „risikoavers"* Handeln, wobei die verschiedenen gesellschaftlichen Gruppen ständig nach Einfluss auf die Regierung bzw. den Staat streben.

Die zweite Annahme der Theorie bezieht sich auf den Staat selbst, der dieser Theorie nach lediglich als eine repräsentative Institution (Gehäuse) agiert und in seiner Rolle als *Transmissionsriemen* ausschließlich der Präferenzen der durchsetzungsstärksten gesellschaftlichen Gruppe nach außen vertritt. Staaten haben dieser Ansicht nach –

---

[23] Moravcsik, Taking Preferences Seriously: A Liberal Theory of International Politics, 1997, S. 544.
[24] Moravcsik, 1997, S. 513f.
[25] Moravcsik, 1997, S. 518.

anders als im (Neo-)Realismus und Institutionalismus – keine festen staatlichen Interessen, sondern verfolgen jeweils variable spezifische Kombinationen von Souveränität, Wohlfahrt oder Sicherheit, die sich aus der Aggregation gesellschaftlicher Interessen ergeben.[26] Demzufolge wird die Außenpolitik eines Staates „bottom-up" von innerstaatlichen Interessenkoalitionen determiniert.[27]

Innerhalb eines Staates ändert sich die Außenpolitik dann, wenn sich etwas an der innerstaatlichen Macht ändert. Auch über unterschiedliche Sachgebiete hinweg kann ein Staat unterschiedliche außenpolitische Positionen verfolgen, zum Beispiel in ökonomischer Hinsicht eine andere als in Hinsicht auf internationale Umweltabkommen. Liberalismus liefert also ein differenziertes Bild dessen, wie Außenpolitik entsteht.[28] Darüber hinaus kommt es zur Neuordnung der Präferenzen eines Staates, auch dann, wenn die Folgen der betriebenen Außenpolitik für die dominanteste gesellschaftliche Gruppe kostspielig nicht mehr tragbar werden.

Die dritte Kernannahme setzt eine *interdependente Beziehung* zwischen den Staaten voraus, in der die jeweiligen Präferenzen miteinander interagieren und dementsprechend die zwischenstaatlichen Beziehungen bestimmen und beeinflussen.[29] Wenn zwei Staaten mit ihren jeweiligen Interessen aufeinander treffen, dann kommt es entweder zu Kooperation bzw. Frieden, wenn die dominanten gesellschaftlichen Gruppen der beiden Staaten *kompatible Präferenzen* haben, oder aber kommt es zum Konflikt bzw. Krieg, wenn sie *inkompatible Präferenzen* und Interessen verfolgen.

> „Der neue Liberalismus ist also keineswegs eine harmonische Theorie. Auch im Liberalismus können Staaten um ihre Sicherheit besorgt sein. Aber sie sind es nicht aufgrund einer bestimmten Mächtekonstellation [...] oder aus Unsicherheit, sondern erst bei divergierenden staatlich vermittelten gesellschaftlichen Präferenzen."[30]

Aus diesen drei Kernannahmen leitet Moravcsik drei Varianten seiner neuen liberalen Theorie ab, den *ideellen Liberalismus*, den *kommerziellen Liberalismus* und den *republikanischen Liberalismus*.[31] Da in dieser Arbeit vor allem der ideelle Liberalismus angewandt wird, wird dieser nun noch kurz erläutert. Der ideelle Liberalismus führt die Präferenzen eines Staates auf die soziale Identität, das Selbstbild und die Werteordnung seiner Bürger*innen zurück.[32]

---

[26] Moravcsik, 1997, S. 518.
[27] Moravcsik, 1997, S. 517.
[28] Krell, Weltbilder und Weltordnung - Einführung in die Theorie der internationalen Beziehungen 2009, S. 185f.
[29] Moravcsik, 1997, S. 520.
[30] Krell, 2009, S. 186.
[31] Moravcsik, 1997, S. 524.
[32] Krell, 2009, S. 186f.

„Wenn etwa territoriale Grenzen nicht mit der Selbstzuordnung großer sozialer Gruppen übereinstimmen, kann es zu zwischenstaatlichen Konflikten kommen. [...] Aber auch Differenzen über die Legitimität der politischen und sozioökonomischen Ordnung können Anlass für zwischenstaatlichen Konflikte werden."[33]

2. Der historische Verlauf der Konfliktlinie und die Ausgangslage vor dem Ersten Golfkrieg

2.1 Die ethnisch-religiöse und territoriale Konfliktlinie zwischen Irak und Iran

Bereits lange vor dem Ersten Golfkrieg zwischen dem Irak und dem Iran belasteten zahlreiche Konflikte die Beziehungen beider benachbarter Staaten. Das breite Spektrum dieser Konflikte reichte von territorialen, religiösen und ethnischen bis hin zu geopolitisch hegemonial-bedingten Konflikten, die teilweise sehr lange in die Geschichte zurückreichen.

Einige der wesentlichen und gewichtigen Konflikte, waren und sind bis heute noch erstens *die religiös-ethnischen Gegensätze* beider Länder, die ihren Ursprung im 7. Jahrhundert nach Christus haben und auf die gewaltsame Islamisierung Irans zurückzuführen sind. Diese Islamisierung führte jedoch nicht zu einer vollständigen Arabisierung der mehrheitlich persischen Bevölkerung des Landes,[34] wie es beispielsweise in Ägypten bzw. dem gesamten Maghreb-Raum im Norden Afrikas der Fall war. Aber auch in religiöser Hinsicht prägte der schiitische Islam, der seinen Ursprung bereits in der frühislamischen Zeit des Abbasischen Kalifats in Bagdad hat, das benachbarte Persien und ist seit dem 16. Jahrhundert bis heute die Staatsreligion des Iran.[35] Der schiitische Glaube gilt jedoch mit etwa 10-15% aller Muslim*innen heutzutage als die kleinere Hauptströmung des Islams, der insgesamt aus 1.5 Milliarden Gläubigen besteht. Im Vergleich dazu macht die *sunnitische Strömung* mit etwa 80-85% den Rest der Muslim*innen aus, dabei ist noch zu bemerken, dass die Araber*innen mit über 90% mehrheitlich der sunnitischen Glaubensrichtung angehören.[36]

Zudem gehört eine arabische Minderheit von etwa 2% und eine sunnitisch-kurdische Minderheit von etwa 8% zur Zusammensetzung der iranischen Bevölkerung.[37]

Im Irak setzt sich die Bevölkerung dagegen mehrheitlich aus Araber*innen zusammen, die aber mit 60% mehrheitlich dem schiitischem Glauben angehören und von der

[33] Krell, 2009, S. 187.
[34] Gorawantschy, Der Golfkrieg zwischen Iran und Irak 1980-88, 1993, S. 115f.
[35] Gorawantschy, 1993, S. 108f.
[36] Kokew, Sunniten und Schiiten: Das sind die Unterschiede, 2016.
[37] Ebd.

arabisch-sunnitischen Minderheit des Landes 20% regiert werden.[38] Zudem stellen die Kurd*innen, gemeinsam mit weiteren kleineren ethnischen und christlichen Minderheiten, einen Teil der Bevölkerung des Irak dar.

Bemerkenswert in diesem Zusammenhang ist die Heterogenität der Bevölkerungen beider benachbarten Staaten und deren Zusammensetzung aus konkurrierenden Ethnien und Religionslehren, basierend auf einer langen, zerstrittenen, nicht aufgearbeiteten Geschichte.

Ein zweiter wesentlicher Konflikt zwischen dem Irak und dem Iran ist der langjährige *territoriale Konflikt* entlang ihrer umkämpften gemeinsamen Grenzen. Ursache dieses Konflikts sind die Vorherrschaftsansprüche beider Staaten über den Grenzfluss Schatt al-Arab und die territoriale Zugehörigkeit der umliegenden erdölreichen Region Chuzestan (früher Arabistan), die mehrheitlich von der arabischen Minderheit Irans besiedelt ist.[39] Der Fluss Schatt al-Arab und die umliegende Region ist vor allem für den Irak strategisch und ökonomisch von großer Bedeutung, da dies seine einzige Verbindung zum arabisch-persischen Golf bzw. zum Meer und somit ein wirtschaftlicher Hauptader für den Export und Import von Waren darstellt.[40] Der Ursprung des Konfliktes um den Fluss und die dazugehörige Region liegt im 17. Jahrhundert, als die Osmanen die Gebiete des heutigen Iraks eroberten. Im Rahmen des „Vertrags von Erzerum" zwischen Großbritannien, Russland, dem Osmanischen Reich und Persien wurde der Grenzverlauf im 19. Jahrhundert geregelt, jedoch stand die Region zu Beginn des 20. Jahrhunderts mit der Entdeckung ihres Ölreichtums und der rivalisierenden Bestrebungen der damaligen europäischen Großmächte wieder im Mittelpunkt.[41]

Der Iran stand seit 1941 in Form einer konstitutionellen Monarchie unter der Herrschaft des säkularen, prowestlichen Monarchen *Schah Riza Pahlavi*,[42] während der Irak nach einem erfolgreichen Putsch seit 1968 unter der Herrschaft der arabisch-nationalistischen Baath-Partei stand.[43] Mit dem Abzug Großbritanniens aus dem arabisch-persischen Golf 1969 standen die beiden Rivalen, Irak und Iran wieder vor der Frage der Vorrechte im gesamten Golf, darunter auch über die Gewässer des Schatt al-Arab.[44] Jedoch unterzeichneten beide Staaten unter Vermittlung von Algerien 1975 den „Vertrag von

---

[38] Fürtig, Der irakisch-iranische Krieg 1980-1988 Ursachen, Verlauf, Folgen, 1992, S. 22f.
[39] Ehlers, 1980, S. 196-203., Karte 7: Iran: Ethnisch-sprachliche Gliederung.
[40] Gorawantschy, 1993, S. 117f.
[41] Gorawantschy, 1993, S. 118.
[42] Gorawantschy, 1993, S. 110.
[43] Asadi, Der Kurdistan-Irak-Konflikt, 2007, S. 188f.
[44] Asadi, 2007, S. 428.

Algier", wonach der gemeinsame Grenzverlauf im tiefsten Mittelpunkt des Flusses festgelegt wurde. Ferner verpflichtete sich der Iran unter Schah Reza Pahlavi dafür, die Unterstützung für die kurdischen Rebell*innen im Norden Iraks einzustellen und seinen Einfluss auf Schiit*innen im Süden Iraks zu unterbinden, während der Irak unter dem Präsidenten Ahmed Hassan al-Bakr sich im seinerseits dazu verpflichtete, die Unterstützung für die separatistische arabische Bewegung in der Provinz Chuzestan im Südwesten Irans einzustellen. Mit Algier-Vertrag wurde den gegenseitigen Einmischungen in die jeweiligen inneren Angelegenheiten (vorerst) offiziell ein Ende gesetzt.[45]

2.2 Die Islamische Revolution in Iran 1979 und Errichtung eines theokratischen Gottesstaats

Die totalitäre Herrschaft des Schahs Im Iran in den 70er Jahren einerseits und seine zunehmende Annährung an den Westen andererseits wurden von den islamischen Geistlichen Irans als eine „Verwestlichung gar Amerikanisierung"[46] des Iran missbilligt und sorgten für immer lauter werdende Kritik am Regime, bis es im Jahr 1978 den islamischen Kräften und sozial-revolutionären Gruppen gelang, Massendemonstrationen, Generalstreiks und blutige Unruhen im Land zu organisieren, die als *Islamische Revolution* bekannt wurde und letztendlich zum Stürz des Regimes führten.[47]

Der geistliche, im Exil lebende religiöse Führer der islamischen Revolution, Ayatollah Chomeini, kehrte daraufhin in das Land zurück. Im Zuge einer Institutionalisierung der Revolution wurde noch im selben Jahr 1979 ein Referendum über Ablösung der Monarchie durch eine *Islamischen Republik* durchgeführt und mit mehr als 97% auch zugestimmt worden.[48] Darüber hinaus gelang es Chomeini und seinen Anhänger*innen, nach internen Machtkämpfen gegen islamisch-marxistische Gruppen eine *islamisch-schiitische Theokratie* nach dem von Chomeini entwickelten religiös-politischen Konzept der „Herrschaft des islamischen Rechtsgelehrten"[49] zu etablieren, das eine vollständige Islamisierung der staatlichen Institute, Schulen und Hochschulen anstrebte, ein islamischer Revolutionsrat wurde zu diesem Zweck eingerichtet und es folgte eine Ära der systematischen Islamisierung von gesellschaftlichen Strukturen in Iran, um die

---

[45] Asadi, 2007, S.429fff.
[46] Gorawantschy, 1993, S. 110.
[47] Gorawantschy, 1993, S. 111.
[48] Ebd.
[49] Der Erste Golfkrieg 1980-1988, 2015.

einst der erklärten Ziele von Chomeini zu ermöglichen, namentlich den *Export der islamischen Revolution* und Verbreitung seiner Ideologie in die gesamte Region.[50] Die arabische, nationalistisch orientierte Minderheit im Südwesten des Landes, die bereits in der Vergangenheit Beziehungen zum panarabischen Regime im Irak pflegte, stellte in diesem Zusammenhang eine Bedrohung für die angestrebten Ziele der jungen, ambitionierten, revolutionären Republik dar.

2.3 Der Aufstieg Saddam Husseins 1979 und der panarabische Kurs in der Vorkriegszeit

Ebenfalls Ende der 70er Jahre gelang dem Vizepräsident des Irak, Saddam Hussein, der in einer verwandtschaftlichen Beziehung zum erkrankten, damaligen irakischen Präsidenten al-Bakr stand, eine geräuschlose Machtübernahme – zuerst als Vorsitzender der regierenden Baath-Partei und schließlich, im Jahr 1979, als Präsident des Irak.[51] Saddam Hussein begann systematisch die Voraussetzungen für seine Alleinherrschaft im Irak zu schaffen, indem er den innerparteilichen Widerstand systematisch ausschaltete und eine hierarchisch, ihm nahstehende Elite, deren Einfluss bis zur Bevölkerungsbasis reichte, in den staatlichen, militärischen und politischen Institutionen etablierte.[52] Dabei stellten die Schiit*innen im Süden und die Kurd*innen im Norden, die vor dem Algier-Abkommen durch den Iran bewaffnet und finanziert wurden, eine interne Bedrohung für das irakische Regime dar. Dies umso mehr, da die Schiit*innen zahlenmäßig die Mehrheit der irakischen Bevölkerung ausmachten – auch wenn nicht alle von ihnen mit dem Iran sympathisierten.

Mit einem verschärften panarabisch-nationalistischen Kurs strebte Saddam Husseins Regime zudem nach einer breiten, unterstützenden Mehrheit für seine Politik – in allen Schichten der Bevölkerung, auch unter den schiitischen Araber*innen.[53] Die Machtbestrebungen des neuen irakischen Regimes unter Saddam Hussein gingen jedoch weit über die irakischen Grenzen hinaus, in Richtung einer hegemonialen Macht in der gesamten Golfregion.[54] Durch seine ambitionierten außenpolitischen Ziele erhoffte sich die irakische Regierung eine Führungsrolle in der erdölreichen arabisch-persischen Golfregion und schlussendlich eine hegemoniale Stellung in der arabischen Raum.

---

[50] Ibrahim, 2004, S. 1.
[51] Asadi, 2007, S. 299f.
[52] Sluglett & Farouk-Sluglett, 1991, S. 123.
[53] Der Erste Golfkrieg 1980-1988, 2015.
[54] Ebd.

3. Der Erste Golfkrieg aus der Sicht des Neorealismus und des Liberalismus

3.1 Der Erste Golfkrieg 1980 - 1988

Die tiefgreifenden politischen Entwicklungen Ende der 70er Jahre in beiden Ländern v.a. in Iran angesichts der intern zu bewältigenden Konflikte beider Staaten, deren Ursprung teilweise jeweils bis in das andere Land reichte, belasteten die bilateralen Beziehungen, die immer wieder turbulenten Spannungen ausgesetzt waren und auf die rivalisierende Ansprüche in Form eines „arabisch-persischen Dualismus"[55] zurückzuführen sind.

Das fragile Algier-Abkommen konnte die Grenzstreitigkeiten nur partiell und temporär befrieden. Das lag unter anderem daran, dass noch nicht alle Vereinbarungen des Abkommens, wie zum Beispiel die Rückgabe der irakischen Exklaven in Chuzestan (Arabistan), von iranischer Seite vollständig erfüllt worden waren.[56] Die Fronten zwischen beiden jungen Regimen verhärteten sich daraufhin weiter.

Eine Reihe von provokativen, politisch motivierten Aktionen beider Länder spitzte die Lage weiter zu. Beispielsweise warf die iranische Regierung dem Irak Waffenbelieferungen an die Separatist*innen in Baluchestan im Südosten Irans vor.[57] Auch die beiden Attentate der schiitisch-irakischen oppositionellen Ad Dawa-Organisation im April 1980 auf den irakischen Außenminister und den Informationsminister, für deren Planung der Irak die iranische Führung verantwortlich machte, sorgten für eine neue Stufe der Eskalation zwischen beiden Ländern.[58]

Diese Ereignisse und weitere kleine häufigere Grenzgefechte Anfang September 1980[59] führten die Krise dann zu ihrem Höhepunkt mit einer öffentlich im irakischen Fernsehen übertragenen Rede des Präsidenten Saddam Hussein am 17. September 1980, in der er die vollständige Annullierung des Algier-Abkommens verkündete, es vor laufender Kamera zerriss und Iran offiziell den Krieg erklärte.[60]

Fünf Tage später, am 22. September 1980, begann mit einer großangelegten irakischen Offensive tatsächlich der Krieg, um die vom Irak beanspruchte Exklave in Provinz Chuzestan zurückzuerobern. Der Krieg dauerte insgesamt acht Jahre und endete offiziell

---

[55] Fürtig, 1992, S. 1.
[56] Fürtig, 1992, S. 55.
[57] Zum irakisch-iranischen Krieg, S. 31.
[58] Fürtig, 1992, S. 58.
[59] Gorawantschy, 1993, S. 137.
[60] Gorawantschy, 1993, S. 155.

am 20. August 1988 mit dem Inkrafttreten der *Waffenstillstandsresolution 598* des UN-Sicherheitsrats.

Politischen Beobachter*innen zufolge forderte dieser Krieg mehr als eine Million Menschenleben, vorwiegend Zivilist*innen. Die wirtschaftlichen und materiellen Schäden durch den Tankerkrieg (Angriffe auf Erdöltransportschiffe), das permanente Bombardement der Städte in beiden Ländern, den Produktionsausfall, den Exportausfall usw. waren ebenfalls unermesslich und überstiegen die finanziellen Belastungsgrenzen beider Staaten.[61]

3.2 Der Ausbruch des Ersten Golfkriegs aus Sicht des Neorealismus nach Waltz

Bezogen auf die bereits im ersten Kapitel ausgearbeitete neorealistische Theorie nach Waltz betrachteten vor Ausbruch des Krieges beide Akteure, Irak und Iran, ihre *Sicherheit* durch den jeweils anderen Staat massiv gefährdet. Die Regime beider Staaten, insbesondere Iran, waren erst relativ kurz an der Macht und hatten einander entgegengesetzte Ideologien – auf der einen Seite stand das panarabisch-nationalistisch sowie sunnitisch geführte Baath-Regime im Irak, auf der anderen Seite die islamisch-schiitische Theokratie in Iran. Beide Regierungen mussten als oberste Priorität jeweils ihre Sicherheit bzw. Existenz sichern. Zudem sahen sich beide jungen Regime innenpolitisch einerseits von den verbliebenden Anhänger*innen des vorangegangenen Regimes noch bedroht und andererseits mit alten transnationalen Konflikten konfrontiert. So stellten etwa die historisch unterdrückten arabischen und sunnitischen Minderheiten im Iran, die auch in der Vergangenheit bereits Sympathie und Unterstützung von ihrem „Brudervolk" jenseits der Grenze erhielten, eine potentielle Gefährdung für das neue, noch nicht stabile Regime in Teheran dar.

Aus irakischer Sicht reduzierte der revolutionäre Wandel im Nachbarland Iran die Sicherheit des Irak, nicht zuletzt aufgrund der ambitionierten revolutionären islamisch geprägten Ideologie von Chomeini, zusammengenommen mit der Tatsache, dass eine ausgegrenzte schiitische Mehrheit im Irak zu einer möglichen Nachahmung der islamischen Revolution inspiriert werden, oder Iran diese gar aktiv befördern könnte. Der neue Iran, der eine große Sympathie bei der ausgegrenzten schiitischen *Mehrheit* Iraks genoss, stellte eine zunehmende Bedrohung für das panarabische Regime von Saddam Hussein im Irak dar.

---

[61] Arki, 1989, S. 15f; Fürtig, 1992, S. 97.

Der Einschätzung des Irak zufolge war es nur eine Frage der Zeit, bis das Regime in Teheran sich vollends etablieren würde und mächtig genug gewesen wäre, um die schiitische Mehrheit im Irak zu einem Aufstand gegen das Regime Husseins zu inspirieren, zu verleiten oder diesen aktiv bei Bedarf zu befördern. Dazu kam, dass die ökomischen Vorteile Irans durch sein großes Erdölvorkommen und die Vorherrschaft in der Golfregion – in einem zu dem Zeitpunkt von USA und UdSSR polarisierten Weltsystem – eine militärische Aufrüstung absehbar beschleunigen würden.

„Die iranische Revolution erschütterte die Kräftebalance im Persischen Golf radikal und gab der arabisch-persischen Rivalität neue Impulse."[62] Aber auch die neue iranische Führung betrachtete das irakische Regime unter dem neuen, aggressiven Präsidenten Saddam Hussein mit großer Skepsis, was durch die Annahme verstärkt wurde, dass der durch die Revolution noch geschwächte Iran wie eine Einladung an den Irak wirken könnte, einen Angriff durchzuführen.

Hier ist ein deutliches *Sicherheitsdilemma* erkennbar, das in einem internationalen *Selbsthilfesystem* die rational agierenden Staaten dazu treibt, ihre Sicherheit wiederherstellen zu wollen, um ihre Existenz sowie ihre Souveränität keiner Gefahr auszusetzen.

Vor allem der Irak sah in dem neuen Regime in Teheran eine zukünftige Bedrohung für seine Existenz, was durch die Tatsache verstärkt wurde, dass die anarchische Struktur des internationalen Selbsthilfesystems dem prowestlichen, säkularen Regime des Schahs vom Iran keinen ausreichenden Schutz gewährte. Des Weiteren schätzte die irakische Führung die Lage im Iran aufgrund des neuen, noch nicht vollständig etablierten Regimes von Chomeini als geschwächt, instabil und verwundbar ein, und ein früher Angriffskrieg schien deshalb taktisch sinnvoll und erhöhte zudem die Wahrscheinlichkeit eines schnellen Sieges, der seinerseits, so die Annahme, die Kriegskosten senken würde.

Auch die unmittelbaren Auslöser des Krieges – die Attentate der schiitischen Organisation im Irak und die Bewaffnung der nicht-schiitischen Minderheiten in Iran – waren für Irak nur noch weitere Belege für das Vorhaben des iranischen Feinds.

Die *Strukturwirkung* des internationalen Systems und *Existenzgefahr* verleitete die von Realpolitik getriebene irakische Führung maßgeblich dazu, den Krieg als einzige realistische sowie rationale Schutzoption für ihre Existenz in Betracht zu ziehen. Die iranische Führung verfolgte ihrerseits keine Deeskalationspolitik, auch wenn ein Krieg

---

[62] Fürtig, 1992, S. 46.

strategisch gesehen zu einem späteren Zeitpunkt erfolgversprechender gewesen wäre, um bis dahin die erforderliche interne Stabilität und die nötige militärische Aufrüstung sicherzustellen. Allerdings wäre auch eine Deeskalationspolitik gegenüber dem Aggressor Irak für das Image des ambitionierten iranischen Regimes ein Zeichen der Schwäche gewesen, das auch den restlichen Widerstand im eigenen Land hätte beflügeln können. Daher setzte die iranische Führung auf die mentale Wucht und den Glanz des Erfolges der Islamischen Revolution, um einen weiteren Sieg in der bevorstehenden, unvermeidbaren Konfrontation mit dem ideologisch entgegengesetzten feindlichen Nachbarn Irak zu erringen.

Tankerkrieg und die zunehmende Behinderung des Erdöltransports über die strategische Straße von Hormus im arabisch-persischen Golf führte zu einer Internationalisierung des Konflikts. Vermehrt kam es dabei zu Angriffen auch auf neutrale Erdöltransportschiffe in der ölreichen Golfregion. Daraufhin wurden die US-amerikanischen Marineschiffe nahezu permanent eingesetzt, um die ökonomischen Interessen der USA und ihrer Verbündeten gegen iranische Angriffe zu schützen. Aber auch die UdSSR und andere Länder waren aus ökonomischen Gründen daran interessiert, die Sicherheit im arabisch-persischen-Golf wiederherzustellen.

Die bislang eingeschränkten militärischen Auseinandersetzungen zwischen den USA und dem Iran stiegen an, und erreichten mit dem Abschuss eines iranischen Passagierflugzeugs durch ein amerikanisches Kriegsschiff – in der Annahme, es handele sich um ein feindliches iranisches Kampfflugzeug – einen gefährlichen Höhepunkt. 298 Passagiere kamen dabei ums Leben. Dieser Vorfall markierte einen Wendepunkt in diesem Krieg, der den UN-Sicherheitsrat zu seiner bindenden Resolution 598 mit den möglichen internationalen militärischen Interventionsmaßnahmen nach Kapitel VII der UN-Charta veranlasste, was die iranische und irakische Führung maßgeblich zu einem sofortigen Waffenstillstand bewegte und schließlich eine Beendigung alle Kampfhandlungen.[63]

3.3 Der Ausbruch des Ersten Golfkriegs aus Sicht des neuen Liberalismus nach Moravcsik

Basierend auf den Annahmen und Ansätzen des neuen Liberalismus nach Moravcsik lässt sich die Eskalation des Ersten Goldkriegs primär auf den fundamentalen gesellschaftlichen Wandel im Iran durch die Islamische Revolution und deren

---

[63] Gorawantschy, 1993, S. 152f

ideologischen „*Panislamismus*"[64] zurückführen – aber auch, wenn in geringerem Maße, auf den gesellschaftlichen Wandel im Irak durch den Aufstieg von Saddam Hussein und seine Doktrin des ultranationalistischen Panarabismus.

Im Iran war die schiitische konservative Strömung nach dem Sturz der säkularen, persisch-nationalistischen Dynastie des Schahs im Aufwind und veränderte die gesellschaftlichen Strukturen rasant zu Gunsten ihrer Ideologie.[65] Mit dem erfolgreichen Einsetzen der theokratischen Regierung nach den Lehren von Chomeini durch das Referendum im Jahr 1979 wurden die konservativen schiitischen Anhänger*innen von Chomeini zur *dominansten Gruppe* der Gesellschaft. Diese bekleideten in der Folge die gesamten Regierungsämter und produzierten neue Präferenzen des Staates, die sich aus dem spezifischen Zusammenspiel der Interessen ergaben. In diesem Fall stand die *Sicherheit* als oberstes Ziel über der Wohlfahrt. Die Strategie zur Erhaltung der Sicherheit des Staates sah eine *Exportpolitik* der ideologischen Inhalte der Islamischen Revolution als Schutzmechanismus vor, was die Außenpolitik des Landes maßgeblich prägte. Diese Exportpolitik war von Chomeinis fundamentaler Vision eines islamischen Weltreichs geprägt, die das Aufgeben nationalistischer Gefühle zugunsten der Grundsätze des islamischen Glaubens und der Texte des Korans (Panislamismus) beinhaltete.[66]

Um den für sich beanspruchten Panislamismus auch glaubwürdig zu vertreten, verfolgte das Regime die bereits genannte Verbreitungsstrategie, die aus zwei Gründen auf das westliche Nachbarland Irak abzielte. *Erstens* stand das radikal sozialistisch-nationalisti-sche arabische Regime Iraks mit dem Panislamismus in Widerspruch, und *zweitens* bot die schiitische Mehrheit im Irak eine günstige Grundlage für die Fortsetzung der Islamischen Revolution, sowohl aufgrund ihrer konfessionellen Zugehörigkeit zum Schiitentum als auch ihrer geographischen Nähe zum Iran, was eine aktive Beeinflussung dieser Bevölkerungsgruppe erleichtern würde.[67]

Auch im Irak erreichte der Panarabismus mit der Festigung der Macht der Baath-Partei und des Aufstiegs Saddam Husseins einen Höhepunkt. Die gesellschaftlich dominanste Gruppe im Land war zum Zeitpunkt des Ersten Golfkrieges säkular arabisch-nationalis-tisch ausgerichtet. Diese Gruppe betrachtete ebenfalls die Sicherheit als oberste Priorität in den Präferenzen des Staates, da ihr zugleich die politischen und militärischen

---

[64] Fürtig, 1992, S. 47.
[65] Fürtig, 1992, S. 46.
[66] Fürtig, 1992, S. 47f.
[67] Fürtig, 1992, S. 48ff.

Entscheidungsträger*innen des Staates angehörten. Die irakische Führung setzte aus zwei strategischen Gründen auf eine aggressive Außenpolitik im Umgang mit dem neuen feindlichen Regime im Nachbarland Iran. *Erstens* benötigte Saddam Husseins Regime für seinen ambitionierten panarabischen Kurs die Vorherrschaft im arabisch-persischen Golf, um seinen Zielen Glaubwürdigkeit zu verleihen. Dabei stellten nicht die militärisch schwachen arabischen Monarchien in der Golfregion die größten Hürden dar, sondern der Iran. *Zweitens* diente die aggressive Außenpolitik als Schutzmechanismus, um dem potenziell gefährlichen iranischen Nachbarn noch in einer Phase des Aufbaus der Macht seiner Regierung vorzukommen.

Als der Irak und der Iran international bei der Fortsetzung der Umsetzung von Klauseln des Algier-Abkommens hinsichtlich der gemeinsamen Grenzstreitigkeiten in einer interdependenten Beziehung aufeinandertrafen, kam es zu einem aus Sicht des neuen Liberalismus zu erwarteten explosiven Resultat in Form des Ersten Golfkrieges, der auf die inkompatiblen außenpolitischen Präferenzen zurückzuführen ist.

Das Ende des Krieges durch die beiderseitige Billigung der Waffenstillstandsresolution ergab sich aus Sicht des neuen Liberalismus wiederum nur deshalb, weil die Kosten zur Weiterführung des zu diesem Zeitpunkt bereits acht Jahre dauernden Krieges aus Sicht der dominierenden Gruppen in den jeweiligen Ländern den Nutzen der Auseinandersetzung überstiegen. Dies wurde durch die immer lauter werdenden kritischen Stimmen in beiden Ländern deutlich, die teilweise offen ein Ende des Ersten Golfkrieges forderten.[68] Dazu kam, dass die Existenz der beiden Staaten von der Waffenstillstandsresolution 598 des UN-Sicherheitsrates bedroht wurde, da beide Staaten im Falle einer Nichtbeachtung der Resolution mit harten militärischen und politischen Sanktionen und Intervention seitens der Supermächte, USA und UdSSR rechnen mussten.

4. Fazit und Schlusswort

Diese Arbeit zeigte die Vielseitigkeit und teilweise Widersprüchlichkeit der Wurzeln der irakisch-iranischen Konflikte auf.[69] Die vorliegende Arbeit zielte primär darauf ab, die jeweiligen Ursachen für den Ausbruch des Ersten Goldkrieges zu untersuchen, die die beiden direkt beteiligten Akteure Irak und Iran in den Krieg führten. Dabei wurde das Handeln beider Staaten, aber auch ihre bilateralen Beziehungen, im Kontext des

---

[68] Fürtig, 1992, S. 168ff.
[69] Fürtig, 1992, S. 1.

internationalen Systems analysiert. Die Ergebnisse der Arbeit zeigen, dass eine umfassende, schlüssige Analyse der Ursachen des Ersten Golfkrieges sowohl auf subsystemischer als auch auf systemischer Ebene erfolgen muss.

Der Neorealismus bestätigte die maßgebliche Verantwortlichkeit der Strukturwirkung des anarchischen internationalen Systems, die beide Länder zur militärischen Gewalt greifen lies, um ihre Sicherheit und Souveränität, die durch den jeweils anderen Staat gefährdet waren, wiederherzustellen, und konnte den Ausbruch des Kriegs nach seinen Annahmen und Ansätzen plausibel erklären.

Der Neorealismus scheitert allerdings daran, eine Erklärung dafür zu finden, warum der Erste Goldkrieg ohne einen Sieger durch eine Resolution des UN-Sicherheitsrates endete, da der Neorealismus den internationalen Institutionen keine bedeutende Rolle in der Weltpolitik zuschreibt. Tatsächlich war es aber gerade der UN-Sicherheitsrat, der in diesem Fall durch seine Entschlossenheit und Einstimmigkeit bei der Verabschiedung der bindenden Resolution 598 unter dem Kapitel VII der Charta der Vereinten Nationen eine entscheidende Rolle zur Beendigung des Krieges beitrug.

Dagegen ist die Theorie des neuen Liberalismus in der Lage, sowohl für den Ausbruch als auch für das Ende dieses Krieges schlüssige Erklärungen zu liefern. Moravcsiks Theorie verdeutlicht, dass bei Konflikten zwischen zwei Staaten die jeweils gesellschaftlich dominierenden Gruppen die Entwicklung dieser Konflikte maßgeblich beeinflussen. Die territorialen und ethnisch-religiösen Konflikte zwischen dem Irak und dem Iran wurden im Zaun gehalten, als beide Länder in Herrschaftsära von Schah miteinander kompatible außenpolitische Interessen hatten. Der Vertrag von Algier, der noch vor Beginn des Ersten Golfkrieges für ein vorübergehendes außenpolitisches Gleichgewicht sorgte, wurde sogar damals von Saddam Hussein selbst – als Vizepräsident – unterzeichnet. Der Iran war während der gesamten fünfzigjährigen Ära der Herrschaft des Schahs säkular-nationalistisch orientiert, ebenfalls wie der säkular-nationalistisch ausgerichtete Irak.

Der neue Liberalismus hebt den Wandel in der iranischen Gesellschaft und im innenpolitischen System des Staates als wesentliche Ursachen für den Ausbruch des Kriegs hervor. Die Folgen der Islamischen Revolution im Iran und das Aufgeben des Säkularismus zugunsten einer islamisch-konservativen Ideologie trugen entscheidend zum Ausbruch des Ersten Golfkriegs bei, da sich die neuen islamistischen Interessen des Irans als inkompatibel mit den säkularen, nationalistisch orientierten Interessen des Iraks erwiesen.

Der Liberalismus ist zudem in der Lage, auch das Ende des Kriegs durch die Bereitschaft beider Staaten zu einem Waffenniederlegung zu erklären. Der für beide Parteien extrem teure Krieg ging ohne einen Sieger bzw. sogar ohne tatsächlichen Mehrwert zu Ende, da die möglichen politischen externen und internen Folgen für die dominierenden Gruppen im jeweiligen Staat durch die Weiterführung des Kriegs oder einer Intervention langfristig gefährdet waren.

Betrachtet man abschließend das Ende des Ersten Golfkriegs durch die bindende Resolution des UN-Sicherheitsrats, die Einstimmigkeit und Entschlossenheit der Weltgemeinschaft signalisierte, kommt ein in zweierlei Hinsicht wichtiges Ergebnis zum Vorschein. Nämlich zum einen, dass das geschlossene Handeln der Weltmächte, einen brutalen Krieg, in dem international geächtete Waffen wie etwa C-Waffen gegen die Zivilbevölkerung zum Einsatz kamen, maßgeblich dazu beigetrug, den Krieg tatsächlich innerhalb relativ kurzer Zeit nach der Resolution und sogar ohne einen Sieger zu beenden. Dies lässt zum anderen den Umkehrschluss zu, dass ein gemeinsames Interesse und Handeln der Weltmächte diesen Krieg möglicherweise bereits in der Anfangsphase der Eskalation hätte verhindern können.

Der ehemalige US-Außenminister Henry Kissinger formulierte damals öffentlich: „Am besten wäre es, wenn beide Seiten verlören"[70]. In diesem Zusammenhang wäre es interessant weiter daran zu forschen, inwieweit der Kalte Krieg den Ersten Golfkrieg beeinflusste, vor allem in Hinblick auf die Balancepolitik zwischen den Supermächten von damals, USA und UdSSR, die keinen direkten, höchstens einen indirekten Einfluss auf den Irak und den Iran – z.B. durch Aufrüstung - nehmen konnten.

---

[70] Der Spiegel, Nr. 23, 1984, S. 103.

Literaturverzeichnis

Arki, M. (1989). *Iran-Irak, Acht Jahre Krieg im Nahen Osten.* Berlin: Verlag für Wiss. u. Bildung (VWB).

Asadi, A. (2007). *Der Kurdistan-Irak-Konflikt* (1. Auflage Ausg.). Berlin: Hans Schiler.

Der Erste Golfkrieg 1980-1988. (2015). Berlin. Abgerufen am 21. 09. 2018 von Bundeszentrale für politische Bildung: http://www.bpb.de/politik/hintergrund-aktuell/212301/erster-golfkrieg

Ehlers, E. (1980). *Iran: Grundzüge einer Geographischen Landeskunde.* Darmstadt: Wissenschaftliche Buchgesellschaft.

Fürtig, H. (1992). *Der irakisch-iranische Krieg 1980-1988 Ursachen, Verlauf, Folgen.* Berlin: Akademie Verlag.

Gorawantschy, B. (1993). *Der Golfkrieg zwischen Iran und Irak 1980-88.* Frankfurt am Main: Peter Lang.

Ibrahim, F. (24. 02. 2004). Iran und die arabische Welt. *Aus Politik und Zeitgeschichte / Beilage zur Wochenzeitung DasParlament,* S. p.39. Abgerufen am 21. 09. 2018 von http://www.bpb.de/apuz/28504/iran-und-die-arabische-welt

Iran, B. d. (1981). *Zum irakisch-iranischen Krieg.* Bonn.

Kokew, S. (06. 01. 2016). Sunniten und Schiiten: Das sind die Unterschiede. *Bayernkurier.* Abgerufen am 20. 9. 2018 von https://www.bayernkurier.de/ausland/9081-sunniten-und-schiiten-das-sind-die-unterschiede/

Krell, G. (2009). *Weltbilder und Weltordnung - Einführung in die Theorie der internationalen Beziehungen* (4. Auflage Ausg.). Baden-Baden: Nemos.

Masala, C. (2014). *Kenneth N. Waltz : Einführung in seine Theorie und Auseinandersetzung mit seinen Kritikern.* Baden-Baden: Nomos.

Moravcsik, A. (1993). Introduction: Integrating International and Domestic Theories of International Bargaining. In R. D. Putam, H. K. Jacobson, & P. B. Evans, *International Bargaining and Domestic Politics: International Bargaining and Domestic Politics* (S. 3-42). University of California Press.

Moravcsik, A. (1997). Taking preferences seriously: A liberal theory of international politics. *International Organization,* S. 513-533.

Schimmelpfennig, F. (2017). *Internationale Politik* (4. Auflage Ausg.). Paderborn: Ferdinand Schöningh.

Scholl-Latour, P. (1983). *Allah ist mit den Standhaften : Begegnungen mit der islamischen Revolution.* Stuttgart: Deutsche Verlags-Anstalt.

Sluglett, P., & Farouk-Sluglett, M. (1991). *Der Irak seit 1958 : von der Revolution zur Diktatur.* Frankfurt am Main: Suhrkamp.

Spiegel, D. (04. 06. 1984). Teheran: „Die Amerikaner sollen nur kommen". *Der Spiegel,* S. 100-109. Abgerufen am 25. 09. 2018 von http://www.spiegel.de/spiegel/print/d-13507869.html

Tuschhoff, C. (2015). *Internationale Beziehungen.* Konstanz & München: UVK Verlagsgesellschaft.

von Clausewitz, C. (2005). *Vom Kriege.* Frankfurt am Main: u.a. : Insel-Verag.

Waltz, K. (1979). *Theory of international politics.* New York: McGraw-Hill.

Waltz, K. (1988). The origin of wars in neorealist theory. *Journal of Interdisciplinary History,* S. 615-628.

BEI GRIN MACHT SICH IHR WISSEN BEZAHLT

- Wir veröffentlichen Ihre Hausarbeit,
  Bachelor- und Masterarbeit

- Ihr eigenes eBook und Buch -
  weltweit in allen wichtigen Shops

- Verdienen Sie an jedem Verkauf

Jetzt bei www.GRIN.com hochladen
und kostenlos publizieren